# La Sacrée Semaine

Marc Augé

# La Sacrée Semaine

## qui changea la face du monde

Odile
Jacob

15, rue Soufflot, 75005 Paris

www.odilejacob.fr

ISBN : 978-2-7381-3389-2

Je ne doute pas que le pape François témoigne d'une souriante indulgence pour l'hommage qu'a souhaité lui rendre l'athée que je suis en lui faisant audacieusement endosser le premier rôle dans ce conte subversif et humaniste.

## *1^er avril,* urbi et orbi

Tout a commencé le 1er avril 2018 à Rome sur la place Saint-Pierre.

Ce dimanche-là, un je-ne-sais-quoi dans la fraîcheur de l'air m'avait poussé dehors, une bouffée de printemps peut-être. J'avais flâné sur les quais une bonne partie de la matinée et regagné mes pénates avant midi. J'ai ouvert une bouteille de saint-émilion, découpé quelques tranches de saucisson et allumé la télé.

Le spectacle était impressionnant – depuis peu je me suis payé un grand écran plat ; ça change notre vision des choses. Les catholiques étaient venus nombreux écouter, en ce dimanche de Pâques ensoleillé, le pape prononcer la bénédiction *urbi et orbi*, à la ville et au monde. Des bataillons de jeunes gens de tous pays avaient donné le ton et chanté avec allégresse leur bonheur et leur foi. La télévision alternait les prises de vues : survol de la place, où se pressaient curieux et fidèles, et plans rapprochés qui isolaient quelques figures jugées emblématiques – profil mâle mais encore juvénile d'un garçon blond comme les blés, corps élancé d'une adolescente brune qui tentait d'une main distraite de maîtriser les caprices de sa chevelure affolée par le vent, traits burinés d'un vieil homme aux yeux déjà chargés d'émotion, un enfant porté dans les bras de son père sous le regard attendri de sa mère, ou encore visage lisse et pâle sous son voile strict d'une jeune nonne aux sages lunettes métalliques.

La foule en liesse attendait ; nul ne se doutait qu'un tsunami allait s'abattre sur l'humanité entière.

Une clameur s'éleva soudain. Les bras se tendirent vers la silhouette fragile et blanche de Francesco qui venait d'apparaître sur le balcon. Le pape resta un long moment silencieux, contemplant les mouvements d'allégresse que sa présence déclenchait. Malgré sa sérénité, une sorte de surprise inquiète se lisait sur son visage : ne s'était-il pas encore habitué à la ferveur qui accompagnait chacun de ses gestes et la moindre de ses paroles ?

Il respira profondément, s'éclaircit la gorge, puis, s'avançant d'un pas vers la balustrade après avoir saisi d'une main ferme le micro derrière lequel il était censé s'exprimer, au grand dam de son entourage, que cette initiative déroutait, s'exclama d'une voix forte : « Dieu… » La clameur reprit de plus belle. « Dieu n'est pas mort ! » Les bataillons de jeunes gens s'exaltèrent : « Non, il n'est pas mort », transportés à l'idée que Francesco innovait encore une fois en improvisant un dialogue avec les fidèles assemblés.

« Il n'est pas mort, reprit le pape, car il n'a jamais existé. » Emportés par leur élan, les chœurs de jeunes chrétiens acclamèrent cette nouvelle proposition, même si quelques fléchissements dans l'intensité de l'enthousiasme traduisirent la perplexité soudaine des plus attentifs.

Francesco aspira l'air une nouvelle fois à fond avant de conclure d'une voix vigoureuse : « Dieu n'existe pas. » Un silence glacial s'abattit sur la place Saint-Pierre. Beaucoup retenaient leur souffle, attendant la suite, la phrase décisive qui réduirait en cendres l'affirmation sacrilège dont le pape allait évidemment citer et condamner les auteurs. Mais Francesco tournait les talons et se retirait, aidé ou, plutôt, à vrai dire, bousculé et propulsé par la masse indistincte des soutanes et chasubles des dignitaires de l'Église qui s'étaient rués sur lui pour étouffer le scandale.

La foule restait pétrifiée sur la place. Un représentant du Vatican vint au balcon, sitôt le souverain pontife escamoté, expliquer qu'un malaise d'origine inconnue l'avait contraint à s'interrompre et qu'un communiqué donnerait ultérieurement de ses nouvelles, mais tout le monde avait été frappé par la clarté de l'élocution du pape et la force de sa voix : ce malade paraissait en excellente santé.

La nouvelle de l'incartade papale se répandit aussitôt comme une traînée de poudre dans tous les médias et sur les réseaux sociaux. Partout la figure, la voix du pape, partout les trois mots incroyables : « *Dio non esiste.* »

Mais quelle mouche avait donc piqué le pape ? Des milliers de caméras étaient braquées sur lui, filmant l'événement dans tous ses détails et sous toutes les coutures : il n'était pas possible de prétendre qu'il n'avait pas dit ce qu'il avait dit à claire et intelligible voix. CBS, CNN, Fox News, RAI 1, RAI 3..., TF1, BFM, France 24..., BBC, Canal 13 Argentine, Canal 13 Chili... assuraient la retransmission de la bénédiction en direct.

Je zappai. Les chaînes d'information continue passaient en boucle l'image du moment où, s'appuyant d'une main sur la balustrade du balcon, tenant de l'autre son micro, légèrement penché vers les milliers de têtes levées vers lui, Francesco avait énoncé avec gravité, en détachant chacun d'entre eux d'une voix ferme, les trois mots explosifs : « *Dio non esiste* », qui allaient déclencher un séisme planétaire. Je ne me lassais pas de voir et de revoir cette scène.

Le Vatican fut vite assiégé par les reporters qui faisaient le pied de grue devant le palais. Faute d'avoir quelque chose de solide à se mettre sous la dent, ils interrogeaient pêle-mêle des individus désemparés, au visage défait. Quant aux journalistes patentés des grandes chaînes, ils affichaient la mine grave et consternée des jours de deuil. On aurait dit qu'ils en savaient plus que nous. L'ampleur cataclysmique de la déflagration de Rome allait-elle ébranler la terre entière ?

Le silence des représentants officiels des grands monothéismes, qui s'étaient visiblement mis d'accord pour s'abstenir de commentaires à chaud, visait à ne pas jeter d'huile sur le feu, mais l'incendie faisait déjà rage ; les extrémistes de tout poil, des intégristes catholiques aux salafistes musulmans, s'étaient empressés de condamner avec virulence le « mensonge » du pape et, plus généralement, la décadence morale de l'Occident dont il était devenu l'expression la plus symbolique.

Une onde de choc avait déferlé sur la Toile dès 13 heures en Europe et gagné instantanément l'ensemble de la planète. Washington s'était réveillée dans un monde que le chef de plus d'un milliard de catholiques, symbole reconnu et respecté de la foi chrétienne, venait de déclarer sans Dieu.

Sur France 2, des émissions improvisées en catastrophe réunirent surtout des sociologues et des historiens des religions, du fait de l'abstention générale – et, on l'espérait, provisoire, commentèrent, sarcastiques, David Pujadas et Yves Calvi –, des responsables attitrés des religions monothéistes. Quant aux politiques, en tout cas en France, au nom de la laïcité – ça les arrangeait pour une fois –, ils restaient bouche cousue. Les spécialistes s'empoignèrent. Un philosophe catholique expliqua que l'on avait mal compris le pape. « Ce qu'il avait voulu dire sans doute, c'était que – à ce point sa voix se fit hésitante, lâchant ses mots un à un, à intervalles de deux à trois secondes –, la question... de... l'existence... factuelle... de Dieu... était... moins... essentielle... que celle de la morale universelle à laquelle... il donnait un nom. » Un sociologue voyait, lui, dans ce qu'il appelait la capitulation du pape, le signe avant-coureur de l'islamisation du monde ; les projections démographiques montraient que le nombre de musulmans dépasserait celui des chrétiens dans les décennies à venir. « Bien entendu, si les catholiques se laissent convaincre par le pape, les choses iront beaucoup plus vite », ajouta-t-il avec un sourire narquois. Invités à s'exprimer, les internautes/téléspectateurs se montraient perplexes et parfois inquiets ; l'un d'eux – un mauvais plaisant sans doute – fit remarquer que le pape s'était exprimé dans une circonstance officielle, à laquelle s'appliquait donc le dogme de l'infaillibilité pontificale : cela signifiait-il que, dorénavant, les catholiques pratiquants étaient tenus de ne pas croire en Dieu ?

Je ne résistai pas à l'envie de surfer sur Internet pour me faire une idée des réactions suscitées par ce qu'un blogueur qui avait le sens de la formule appelait « le suicide en direct du catholicisme romain ». Sur les réseaux, certains se demandaient si le pape était devenu athée ou fou. D'autres s'amusaient. L'un d'eux, qui avait des lettres, pasticha Giraudoux : « Puisque nous sommes sans Dieu, Moïse, Jésus et Mahomet ne se feront plus la guerre : la guerre des Trois n'aura pas lieu ! »

« *Dio non esiste !* » : la formule avait instantanément engendré une forme de salut jubilatoire qui se décomposait en deux temps – question : « *E Dio ?* » ; réponse : « *Non esiste !* » La parole du pape avait libéré les plus timides des athées.

Du côté des croyants, beaucoup sombraient dans le marasme, ou s'emportaient contre les Jésuites, la gauche chrétienne et les Argentins. Les plus virulents évoquaient la politique tiers-mondiste de l'Église, son abandon des piliers occidentaux de la foi chrétienne. Rome, en somme, n'était plus dans Rome et sombrait sous le flux migratoire qui allait bientôt submerger toute l'Europe. « Nous sommes KO debout. La trahison est venue d'où nous ne l'attendions pas. Le cheval de Troie était au Vatican ! », s'exclamait dans un tweet l'un de ces nouveaux martyrs de la foi chrétienne.

Outre-Atlantique, CNN annonçait à grand renfort de publicité l'interview que Christiane Amanpour allait très probablement obtenir du numéro deux du Saint-Siège, le cardinal Pietro Parolin. Dans la soirée, le rire était de mise ; Jon Stewart réapparut : « L'actualité travaille pour moi, expliqua-t-il, sérieux comme un pape. Au train où vont les choses, il me suffira de lire les derniers bulletins d'information sans rien y changer pour que tout le monde soit plié en deux… »

Pour la première fois de ma vie, j'étais d'accord avec le pape, mais cela ne semblait pas lui porter chance. Que le monde s'enflammât parce qu'une évidence venait d'être proférée, voilà qui donnait à réfléchir. On pouvait tout craindre d'un tel monde. Mais j'étais assez âgé pour relativiser aussi bien les menaces que les craintes et ne tardai pas à m'endormir du sommeil du juste.

*2 avril*

Le lundi matin, très tôt, j'allumai la radio. Un communiqué du Vatican annonçait que le souverain pontife avait été admis dans une clinique privée où il subissait des examens. « Ils ne vont pas encore nous tuer notre pape ? », commencèrent à soupçonner des internautes qui se demandaient si toute cette histoire n'était pas le fait de comploteurs réactionnaires. Ils se rappelaient 1978 et la mort suspecte de Jean-Paul Ier. La Curie dut publier une heure plus tard un second communiqué, signé du professeur Alessandro Feltrinelli, précisant que le pape était en bonne santé, mais astreint au repos du fait du surmenage entraîné par ses trop nombreuses occupations et son inlassable dévouement à la cause des victimes de la misère et de la violence dans le monde.

Les efforts désordonnés du Vatican pour étouffer le scandale témoignaient d'un affolement qui en accroissait l'effet dévastateur.

Je repris place avec un café devant BFM et mon ordinateur. L'actualité n'offrait guère de dérivatifs. Le sport et le football furent appelés à la rescousse. On n'était plus qu'à deux mois de la Coupe du monde de football, et le match d'ouverture entre la Russie et l'Ukraine retenait l'attention ; l'entraîneur ukrainien pourrait-il refuser longtemps d'intégrer à son équipe des joueurs des États russophones de la toute récente Fédération d'Ukraine, auquel cas l'équipe nationale de Russie refuserait de jouer ? Dans cette hypothèse, la Fédération internationale de football association serait-elle contrainte de proclamer l'élimination du pays organisateur ? Une réunion dite « de la dernière chance » devait se réunir en terrain neutre, à Berlin, le mardi 3 avril entre les ministres des Sports des pays impliqués. Poutine, la chancelière allemande et le président français restaient en contact téléphonique. Mais, alors que les observateurs expliquaient l'enjeu de ces joutes politico-sportives, je n'avais d'yeux que pour les indications écrites qui défilaient parallèlement en bas de l'écran : « Le pape en clinique pour une cure de repos... Des dirigeants des pays musulmans envisagent de tenir un sommet exceptionnel à La Mecque... Des responsables protestants demandent la réunion immédiate du Conseil œcuménique des

Églises à Genève… L'Église orthodoxe exprime sa préoccupation et se prononce pour la réunion du Conseil œcuménique. »

Un journaliste américain, interrogé par France 24, rappela que 24 % des Américains, 70 millions, étaient de confession catholique, en général plus conservateurs que les protestants, réputés plus libéraux : « L'Église catholique aux États-Unis, toujours en parfaite communion avec Rome, est totalement désorientée. La déclaration du pape a fait l'effet d'une bombe. Les Américains ne comprennent pas ce qui se passe. »

Al-Jazira fut la première chaîne à faire état du communiqué de l'État islamique invitant les musulmans à tuer le pape par tous moyens à leur convenance.

À midi, on apprit que les dirigeants de l'Arabie Saoudite, des États du Golfe et de l'Iran appelaient à de vastes rassemblements de protestation contre « le sacrilège de Rome ».

Le Vatican ne perdit pas de temps. En début d'après-midi, la Curie annonça que Francesco, arguant de sa grande fatigue, avait démissionné : il rejoindrait bientôt Benoît XVI et partagerait avec lui un appartement au Vatican. Un conclave désignerait le plus vite possible un nouveau pape.

L'histoire s'accélérait. Sur quoi déboucherait-elle ? J'en étais là de mes réflexions, partagé entre l'hilarité et la sourde inquiétude que m'inspirait la folie de l'humanité, lorsqu'on a sonné à la porte. C'était Théo.

D'habitude, Théo joue à se présenter, avec un accent britannique appuyé, en déclinant nom, puis prénom et nom, comme le célèbre agent secret de Ian Fleming : Bond, James Bond. Son identité à lui, c'est tout un programme : « Phobe, Théo Phobe. » Tout cela parce qu'il s'appelle Théophile, prénom qu'il a longtemps reproché à sa défunte mère. Cette fois-ci, il a adopté la présentation au goût du jour et m'a tendu sa main droite largement ouverte avec un grand éclat de rire : « *E Dio ?* » Je l'ai frappée énergiquement du poing : « *Non esiste !* » Je nous ai servi un whisky.

Je connais Théo depuis toujours. Il n'est guère de semaine où nous ne nous voyions au moins une fois pour peu que nous soyons tous les deux à Paris – ce qui n'est pas toujours le cas, vu qu'il se déplace souvent pour des conférences ou des réunions avec des collègues étrangers et que, pour ma part, j'aime bien profiter de ma retraite pour baguenauder en Europe ou même un peu plus loin. La quarantaine alerte, une silhouette dégingandée, des cheveux en bataille, le regard candide, il a un air angélique, on lui donnerait le bon Dieu sans confession. Et pourtant Théo est un scientifique pur et dur, un biologiste généticien, spécialiste de l'évolution : il ne rêve pas la science et considère qu'elle aura toujours le dernier mot. Pour lui tout est mathématique, tout est matière, tout est rationnel, tout est science. Pour le reste, il apprécie le bon vin, la bonne chère et les bonnes plaisanteries.

Ma véhémence à l'égard de la « curaillerie », les religieux de toute obédience, l'a toujours amusé. Il écoute patiemment mes digressions :

« Ah, je jubile depuis hier. La mine déçue de tous ces exhibitionnistes de la foi a quelque chose de réjouissant. C'est vrai, quoi : ils affichent ostensiblement leurs convictions et poussent des cris d'orfraie à tout bout de champ pour dénoncer ceux qui ne respectent pas leurs dogmes et leurs interdits. C'est plutôt nous, nous les rationalistes, qui pourrions nous plaindre de leur indélicatesse : rien ne montre dans mon apparence extérieure ce à quoi je crois. Eux s'exhibent. Turbans, voiles, kippas, soutanes : ils pratiquent une métaphysique d'hommes-sandwichs. Et, quand ils ne se font pas remarquer par leur tenue, ils restent toujours soucieux de faire savoir qu'ils sont "croyants" et font des allusions plus ou moins appuyées à leur foi – comme si chacun était tenu de s'y intéresser. Leur ruse est infinie. De longue date, ils ont compris l'importance de la mesure du temps, de la maîtrise de l'espace et du contrôle des mots. Le calendrier chrétien l'a emporté pratiquement dans le monde entier, même si l'islam a le sien. La Mecque est le centre du monde pour les uns, et, pour une partie des autres, c'est Rome. Ils ont réussi à faire main basse sur le symbolique en général et sur la langue en particulier. Ils exercent une agression perpétuelle sur ceux qu'ils appellent les "non-croyants" ou les "athées", introduisant subrepticement l'usage du "a" privatif ou de l'adverbe négatif "non" pour persuader ceux qui ne pensent pas comme eux qu'ils sont privés de quelque chose d'essentiel. Alors, imaginer leur tête aujourd'hui en entendant le pape… Le pape, drôle d'histoire, quand même, non ? Qu'est-ce que ça peut bien signifier, si ce n'est pas un poisson d'avril ?

— C'est clair. Il ne croit plus en Dieu. »

Théo me sembla à la fois réservé et mystérieux.

« Mais ça lui a pris comme ça ? Une intervention du Saint-Esprit peut-être ?

— Ce qui est intéressant, ce n'est pas tant qu'il ne croie plus en Dieu, mais qu'il le proclame publiquement. J'ai toujours été persuadé que beaucoup de curés ne croyaient pas en Dieu, surtout parmi les plus gradés. Pour son *coming out* soudain… j'ai bien une hypothèse, enfin plus qu'une hypothèse…

— Oui ?

— C'est un peu tôt pour en parler, sache seulement que cette histoire ne fait que commencer…

— Tu m'en dis trop ou pas assez…

— Je ne peux t'en dire plus pour le moment. »

Il hésita un instant, puis se lança :

« Écoute… C'est une histoire énorme. Une révolution se prépare. Une révolution mondiale des esprits. Si nous réussissons, l'avenir de l'humanité sera définitivement transformé. Je dis "nous" car, moi et mon équipe, on est dans le coup. Si le pape a parlé, c'est que la situation est mûre, que le projet entre dans sa phase finale. En attendant nous sommes tenus au secret.

— Je suis une tombe, tu le sais. D'ailleurs, de fait, tu ne m'as rien dit. »

Théo aime surprendre son monde, mais il ne déçoit jamais la curiosité qu'il a pris plaisir à éveiller. Mon impatience n'avait d'égale que ma stupéfaction :

comment des chercheurs scientifiques pouvaient-ils être impliqués dans le discours du pape ? En tout cas, je le prenais au sérieux et je savais que, s'il m'annonçait quelque chose d'énorme, c'était que quelque chose d'énorme allait en effet se produire.

*3 avril*

Le 3 avril, je me suis réveillé un peu tard – j'avais encore passé une bonne partie de la nuit à zapper sur ma télé – et, sitôt les yeux ouverts, j'ai pris les dernières nouvelles. Depuis deux jours, on ne parlait que de Rome et du pape, mais le train-train quotidien ne s'était pas interrompu pour autant : quelques centaines de morts au Nigeria, quelques mains coupées ici ou là, quelques femmes vendues comme esclaves ailleurs ; quelques musulmans étripés par des bouddhistes en Birmanie ; des coptes à nouveau massacrés en Libye ; deux ou trois otages égorgés en Afrique ; des dizaines de convertis encore partis vers la Syrie pour s'initier au djihad ; au Moyen-Orient des chiites tués par des sunnites, et réciproquement ; un petit attentat à Londres, deux morts et six blessés… Mais, comme nous le savions bien, la religion n'était pour rien dans toutes ces affaires ; la religion n'était qu'amour, tolérance et modération. Et, pourtant, depuis 2017, la situation ne faisait que s'aggraver. Dans la plupart des pays musulmans régnait le chaos. Une guerre civile généralisée sévissait au Moyen-Orient. Au Maghreb et dans les pays d'Afrique noire, les islamistes étaient plus nombreux, plus puissants et plus offensifs que jamais. Des millions d'immigrés tentaient de venir en Europe. En Europe, justement, de la Norvège et de la Suède jusqu'à l'Espagne, l'Italie et la Grèce en passant par la France, l'Allemagne et les pays de l'Est, les partis d'extrême droite et/ou néonazis avaient fait, au nom de la lutte contre l'islamisme, alliance avec les intégristes chrétiens, catholiques ou protestants. Pas un jour sans qu'il y eût des attentats réussis ou déjoués, des assassinats, de nouvelles fatwas, des heurts entre musulmans et chrétiens radicaux. Mais le leitmotiv restait le même : la religion n'est pour rien dans ces « débordements ». La religion n'est qu'amour et paix.

Les 3, 4 et 5 avril allaient être des journées délirantes.

Le nouveau concile devait se réunir dès la semaine du 9 avril, apprit-on dans l'après-midi du 3. L'ex-pape Benoît XVI, qui semblait vouloir reprendre du service, fit à Radio Vatican une brève déclaration où il exprimait ses vœux de prompt rétablissement à son ex-successeur, souhaitait courage et fermeté d'âme à son successeur futur, et rappelait à l'ensemble des catholiques la lettre du credo auquel ils adhéraient. On avait invité en hâte des pasteurs des églises protestantes à se joindre à la prière de l'ex-pape, et ensemble ils récitèrent le Credo chrétien dans sa version protestante, où le « Je crois en la Sainte Église catholique » est remplacé par « Je crois en la Sainte Église universelle ». Retransmise en direct du Vatican, la cérémonie fut troublée par les vociférations de quelques catholiques intégristes ; ceux-ci à leur tour furent pris à partie par le reste des assistants, et l'affaire tourna au pugilat. Les gardes suisses eurent fort à faire pour séparer les adversaires à coups de hallebarde, et la télévision interrompit en catastrophe la retransmission de ce combat d'un autre âge.

À 17 heures, BFM annonça qu'une fusillade nourrie venait d'éclater dans le grand amphithéâtre de l'Université catholique de Notre Dame à Indiana aux États-Unis, faisant seize morts et des dizaines de blessés. Ruth Elkrief, visage déconcerté, ajouta d'un ton dubitatif que, selon le gouverneur et le chef du bureau du procureur de l'Indiana, cette terrible tragédie n'avait aucun lien avec la déclaration du pape et les événements de Rome.

« Tu parles… », me dis-je.

Les évangéliques envahirent les rues en Amérique et en Europe. Ils estimaient leur heure venue. Visages illuminés, au bord de la transe, ils défilaient joyeusement en dansant et en chantant la gloire de Dieu. À Mexico, Rio, Caracas, Quito, dans toutes les capitales sud-américaines, ils furent des dizaines, des centaines de milliers à clamer leur allégresse sur des rythmes de samba, tout en proférant des slogans hostiles à la papauté, à la drogue et à l'homosexualité. Dans les banlieues parisiennes, ils défièrent à la fois catholiques et musulmans. On les vit surgir jusque dans les rues de Moscou. À Rome même, ils vinrent en foule d'un peu partout, surprenant les habitants par leurs rythmes endiablés.

Une première explosion interrompit la fête. Un des danseurs, vraisemblablement un islamiste camouflé, s'était fait sauter avec une grenade. Autour de lui, deux morts et des dizaines de blessés. Les sirènes des pompiers, des ambulances et des voitures de police se mirent à hurler. Les policiers ne surent bientôt plus où donner de la tête : une deuxième explosion retentit sur la place Saint-Pierre, puis une troisième sur le marché aux fleurs, où la statue de Giordano Bruno fut détruite.

Une vague d'attentats, immédiatement revendiqués par le nouveau calife de Bagdad et l'État islamique, se déclencha simultanément à Paris, Dublin, Madrid. Plusieurs autres furent déjoués à Londres, Vienne et Manhattan. L'État islamique publia un communiqué aux accents triomphaux : « L'heure du grand djihad a sonné. La déconfiture du pape prouve que l'Occident décadent est à l'agonie. »

En Indonésie, les catholiques, soupçonnés de vouloir introduire l'athéisme et le communisme dans le pays depuis la déclaration du dorénavant ex-pape Francesco, furent invités à changer de religion dans les vingt-quatre heures. À Jakarta, les religions sont très tolérantes les unes à l'égard des autres, rappelait un reporter de France 24, mais la croyance en Dieu est obligatoire, et la Constitution impose l'appartenance à l'une des religions reconnues par l'État, qui ne seraient plus dorénavant que cinq : les catholiques avaient le choix entre le protestantisme s'ils voulaient rester dans la famille chrétienne, le confucianisme ou l'hindouisme s'ils se sentaient d'humeur philosophique, le bouddhisme s'ils se voulaient minoritaires, et l'islam si, au contraire, ils voulaient faire comme tout le monde ou presque.

Quant aux foules musulmanes, partout dans le monde, elles défilaient au cri de « *Allahou Akbar !* ». À Riyad comme à Téhéran, à Rabat comme à Dakar, à Kuala Lumpur comme à Kaboul, des millions d'hommes et de femmes brûlèrent l'effigie du pape renégat qui avait osé prononcer le blasphème absolu. Au Pakistan, les manifestants brandirent des pancartes : « *Your God is dead but Allah is alive.* »

Le Guide suprême iranien, l'ayatollah Khamenei, repéra et dénonça dans l'inimaginable trahison du pape, nouveau Judas, la trace d'un complot sioniste ourdi de longue date en collaboration avec le grand Satan. Il condamna l'« athéisme sioniste », avant d'appeler les musulmans du monde au djihad contre les impies de l'Occident.

Dans les capitales européennes, quelques cortèges se formèrent pour prendre la défense de la liberté de penser. À Paris, l'Union rationaliste rassembla quelques milliers de militants, athées fervents qui défilèrent en scandant : « Le pape avec nous ! Vive le pape ! »

Les autorités chinoises, qui avaient gardé le silence depuis trois jours, s'exprimèrent par le canal d'un message officiel de leur ministère de la Culture. La Chine, sensible à la crise intellectuelle et morale que connaissait l'Occident, et tout en respectant les croyances et les cultures de chacun, se félicitait que le peuple chinois, dans son immense majorité, continuât à trouver dans la pensée philosophique confucéenne un rempart contre le désespoir et le scepticisme. La Chine, ajoutait le communiqué, propose à tous ceux et à toutes celles qui le souhaiteraient de s'initier à cette source de savoir et de sagesse. Interrogée par BBC News, la vice-ministre en charge de la Culture déclara à son intervieweur avec un léger sourire : « Les Occidentaux nous ont envoyé beaucoup de missionnaires ; il est peut-être temps que nous les payions de retour. »

*4 avril*

Le 4 avril, aux États-Unis, l'archevêque de Baltimore exprima l'émotion et l'inquiétude des catholiques américains, en souhaitant que le prochain conclave mette un terme rapide à ce qu'il n'hésitait pas à appeler « la crise du Vatican ».

Les professionnels des religions du Livre firent enfin leur apparition en masse sur les radios et les télévisions d'Europe et d'Amérique. « Beaucoup de bruit pour rien ! » : tel semblait être le mot d'ordre de la hiérarchie catholique. Je me délectais par avance de la discussion programmée sur France 2, le 4 au soir, entre le nonce apostolique, un représentant brésilien des Églises évangéliques et le grand rabbin de Paris. Je ne fus pas déçu.

« A-t-on jamais vu quelqu'un sommé de justifier des propos qu'il n'a pas tenus ? », attaqua le nonce apostolique, avant de se faire vertement reprendre par le pasteur sud-américain : « Le pape a bien dit que Dieu n'existait pas, non ? » Le nonce sourit ; il y avait dans ce sourire tombé de haut l'expression d'une supériorité qui remontait à des siècles et que soulignait plus encore la modération, voire l'affabilité, du ton :

« Mon cher frère, vous n'ignorez pas ce qu'est un syllogisme ? Vous en avez un magnifique exemple dans la bouche du pape. Trois temps : deux prémisses et une conclusion qu'il n'a pas eu le temps d'expliciter, malheureusement, mais qui crève les yeux. La majeure, “Dieu n'est pas mort”, à laquelle on n'a pas suffisamment prêté attention, signifie que Dieu est vivant, non ? Si on n'est pas mort, on est vivant, non ? »

L'autre opina vaguement.

« La mineure, maintenant : “Dieu n'a jamais existé.” Mais qu'est-ce que l'existence, sinon la vie suivie de la mort ? Que nous rappelle alors le pape, sinon la résurrection du Christ et sa remontée vers la vie éternelle ? Et la conclusion s'impose d'elle-même : Dieu n'existe pas au sens où nous-mêmes existons. Sa naissance n'est pas la nôtre, sa mort n'est pas la nôtre. Dieu est au-delà de la naissance et de la mort. Le pape, lui, est un homme, et son brusque malaise l'a empêché de développer la fin de son raisonnement, mais celui-ci est clair de bout en bout. »

Le pasteur évangélique cherchait encore ses mots lorsque le grand rabbin de Paris le devança ; il expliqua, au terme d'un discours subtil, tortueux et argumenté, que l'on pouvait être juif et reconnu comme tel par la communauté juive sans croire en Dieu, et que les catholiques auraient tort de faire reproche à leur chef d'avoir ouvert un chemin de réflexion nouveau.

« À l'origine des lois bibliques, fit-il remarquer, on trouve des textes mésopotamiens, comme le code d'Hammourabi, qui sont des recueils juridiques et tentent de fonder l'équité et la justice sans référence aux divinités. On pourrait parler à ce propos d'une morale sans dieux et antérieure à l'idée de Dieu. »

La discussion allait repartir de plus belle, car le nonce apostolique n'était visiblement pas satisfait de cette intervention et trépignait d'impatience, lorsque David Pujadas lut, en faisant effort pour garder son sérieux, une dépêche de l'Agence France-Presse qu'on venait de lui transmettre : le nouvel ex-pape refusait ce titre et ne rejoindrait pas le précédent ex-pape dans son appartement du Vatican ; il avait quitté la clinique où on l'avait admis ; un ami était venu l'y chercher en voiture, et il était parti, vêtu en civil, sans laisser d'adresse, mais après avoir rédigé un bref message d'amitié, signé de son nom d'origine, Jorge Mario Bergoglio, à l'adresse de ses anciens fidèles : « Je vous demande de ne pas croire à ce que les uns ou les autres essaieront de me faire dire. J'ai dit ce que j'ai dit : rien de moins, rien de plus. Vous comprendrez bientôt que je n'ai jamais renoncé à la seule chose qui importe : la recherche de la vérité. » Désarçonné, exaspéré et découragé, le nonce haussa les épaules, et on l'entendit s'exclamer en direct : « Les bras m'en tombent. »

*5 avril*

Al-Jazira et France 24 furent les premières chaînes à diffuser la nouvelle : le secrétariat permanent de l'OCI, Organisation de la conférence islamique, faisait savoir depuis Djeddah qu'une réunion exceptionnelle des cinquante-sept États membres serait incessamment convoquée à La Mecque, à la demande expresse, et conjointe, de l'Arabie Saoudite et de l'Iran, deux puissances pourtant en guerre quasi ouverte depuis 2017. Le secrétariat permanent de la Conférence invoquait l'état d'urgence spirituel créé par ce qu'il appelait la « faillite de Rome » pour justifier cette convocation.

L'émotion des instances monothéistes n'était pas feinte. Ces experts du cœur humain avaient perçu le danger que représentait le « lâchage » du souverain pontife ; ils savaient bien que la foi des croyants est faite, chez beaucoup d'entre eux, d'habitude, de conformisme et de peur, peur de la mort, mais peur aussi de l'entourage, du qu'en-dira-t-on, peur de quitter les chemins balisés de la pratique quotidienne et de la norme : qu'une voix autorisée comme celle du pape brisât soudain le consensus tacite de l'œcuménisme officiel, voilà qui risquait d'ébranler les certitudes les plus profondément ancrées et, plus encore, de réveiller les doutes de tous ceux qu'ensommeillait le confort des vérités établies.

En Europe, les résultats des sondages réalisés par divers instituts fournirent la matière de nouveaux débats à la radio et à la télévision. Quelques semaines avant le 1er avril, à la question « Croyez-vous en Dieu ? », les Français étaient 27 % à répondre « oui » ; 27 % affirmaient croire à « quelque chose » hors de toute référence religieuse précise ; 6 % se disaient sans opinion, et 40 % répondaient « non » sans mégoter. Si l'on croisait ces résultats avec l'appartenance officielle à une religion particulière, les pourcentages ne variaient guère. Chez les musulmans, il y avait un peu plus de oui et un peu moins de non, et sensiblement le même pourcentage de « sans opinion » et de « sans référence ». En Europe, la Roumanie et la Croatie étaient les plus croyantes, à plus de 90 %, devant la Pologne, la Grèce, l'Irlande et l'Italie avec 70 %. Dans l'ensemble de l'Europe, le résultat d'un sondage réalisé à chaud le 3 avril révéla que le pourcentage des « sans référence » et des « sans opinion » était en augmentation sensible.

Ce nouveau sondage fournit un aliment inépuisable à l'appétit de débats des commentateurs. Ils tiraient d'un côté ou de l'autre les « croyants sans référence » et les « sans opinion » en fonction de leurs convictions respectives. Un des commentateurs fit observer qu'il suffirait, somme toute – qu'on s'en réjouisse ou qu'on s'en épouvante –, d'une toute petite secousse pour que s'opère un léger glissement de terrain entraînant les croyants vers les « sans référence », les « sans référence » vers les « sans opinion » et les « sans opinion » vers les non-croyants.

*Nuit du 5 au 6 avril*

Dans la nuit du 5 au 6, journaux, radios et télévisions du monde entier reçurent un communiqué qui fut aussi diffusé sur les réseaux sociaux. Il émanait d'un mouvement intitulé LIBREMENT, « mouvement pour la liberté et la résistance mentales », et, plus précisément, de sa cellule exécutive, LES PARTISANS DE L'HUMOUR LIBRE, dont la devise, écrite elle aussi en lettres majuscules, sonnait comme une promesse ou une menace : « NOUS VOUS FERONS MOURIR DE RIRE. »

« Le 1er avril 2018, les partisans de l'humour libre ont pu faire constater au monde entier l'efficacité de la lutte qu'ils ont entamée clandestinement depuis un peu plus de trois ans contre l'obscurantisme.

« Notre lutte s'est déroulée sur trois plans.

« 1. Dans le domaine des neurosciences, nos chercheurs ont progressé sur la question des localisations cérébrales. S'inspirant des observations effectuées à l'Université de Pennsylvanie en neurothéologie sur des échantillons de moines tibétains bouddhistes et de sœurs franciscaines, tous volontaires, ils sont partis du constat que les expériences mystiques commencent lorsque les faisceaux de neurones situés dans le lobe pariétal supérieur, à l'avant et à l'arrière du cerveau, s'éteignent. Ces neurones sont destinés à traiter l'information sur l'espace et le temps. Dès lors que l'influx sensoriel ne parvient plus à cette zone, le sujet éprouve la sensation d'une dissolution de toutes les frontières et d'un vide absolu qu'il interprète comme une communion avec un tout indifférencié. Le travail de nos chercheurs en neurosciences a consisté à préciser les modalités de l'extinction des faisceaux de neurones et à localiser plus finement les mécanismes mis en jeu dans ce phénomène que l'on peut objectivement considérer comme l'expression physiologique de l'obscurantisme au sens littéral du terme.

« 2. Dans le domaine de la pharmacopée, d'autres spécialistes, prolongeant les travaux menés de longue date sur les atteintes dégénératives du cerveau, comme la maladie de Parkinson et la maladie d'Alzheimer, ont réussi à mettre au point la formule chimique étonnamment simple d'un produit dont l'administration élimine instantanément les effets de confusion mentale qui sont au principe de toute expérience dite religieuse. La clarté d'esprit qui résulte de l'application du traitement est irréversible ; autrement dit, l'effet thérapeutique est immédiat et définitif.

« Qu'on nous entende bien : nous ne prétendons pas apporter une vérité "révélée". Il n'y a pas de révélation. Bien au contraire, nous sommes en mesure aujourd'hui de fournir à tout être humain le moyen d'éliminer une fois pour toutes les courts-circuits et les points aveugles qui paralysent sa pensée. Nous lui offrons la possibilité de porter sereinement sur le monde un regard curieux et attentif pour jouir sans entrave de ses capacités intellectuelles et du plaisir de vivre.

« 3. Dans le domaine de l'action pratique, enfin, conscients de l'immense responsabilité qui nous incombe à l'heure où le monde est envahi par des superstitions aussi folles que criminelles, nous avons mis au point une stratégie. Il fallait un exemple spectaculaire pour convaincre le plus rapidement possible le plus de monde possible. Le pape, dont chacun s'accordait à reconnaître la foi qui l'animait, a reçu en audience privée l'un de nos anciens, un éminent scientifique français, professeur émérite au Collège de France, connu pour son matérialisme radical et sa conviction que la conscience est un épiphénomène neurobiochimique. Notre prestigieux collègue lui a exposé les conclusions auxquelles nos équipes étaient parvenues et l'a mis au défi d'absorber l'ampoule qu'il avait apportée. Le pape a relevé le défi. On connaît la suite.

« Nous entendons démontrer dans les heures qui viennent que nous détenons la clef d'une révolution universelle définitive. Depuis des siècles, depuis des millénaires, l'oppression des peuples passe par l'aliénation des esprits ; se débarrasser de Dieu et des dogmes religieux, c'est la condition première de l'affranchissement des hommes.

« Ce communiqué, traduit dans toutes les langues, est diffusé en ce moment même sur tous les réseaux mondiaux. »

*6 avril*

Si les responsables de LIBREMENT s'étaient attendus à impressionner le monde entier, ils devaient être déçus. C'est à peine si leur communiqué fut signalé dans les nouvelles du matin. La mention du professeur honoraire au Collège de France avait bien éveillé l'attention de quelques journalistes, qui avaient essayé de le joindre dans la nuit. Mais il était absent. Nulle trace de lui. Jean-Pierre Elkabbach, qui avait filé à Rome pour obtenir une interview du pape, eut l'idée de vérifier qu'une demande d'entretien au nom du professeur figurait bien sur les registres du Vatican. Il rentra à Paris, décidé à mettre la main dessus, et annonça une interview exclusive sur Europe 1 pour la semaine suivante. Dans sa « revue de presque », l'humoriste Nicolas Canteloup fit remarquer qu'Elkabbach voulait sans doute savoir si le produit miracle marchait aussi pour les bobards que racontent les politiques : si c'était le cas, il obligerait tous ceux qu'il interrogeait à en prendre et s'assurerait ainsi un record d'audience.

Sur les réseaux sociaux, les réactions avaient été immédiates, mais dans l'ensemble elles considéraient que le communiqué de LIBREMENT était un aimable canular, en prenant pour preuve, notamment, les jeux de mots qui l'émaillaient et la grandiloquence un peu outrée de sa conclusion.

Je me demandais si Théo ne serait pas déçu de cet accueil. Mais, lorsqu'il réapparut, vers midi, il avait l'air joyeux :

« Tout s'arrange, tu as vu ? L'Ukraine accepte de faire jouer ses russophones, finalement. Je pense que c'était un coup monté, en fait. Ils ne voulaient pas que les Russes, s'ils perdaient, ce qui est possible car l'avant-centre russophone est un excellent buteur, puissent mettre en doute sa nationalité ukrainienne. Les Russes sont coincés maintenant : c'est eux qui ont voulu qu'il joue ! »

Il s'amusait à me faire attendre, mais n'abusa pas trop longtemps de la situation :

« Ah oui… tu voulais sans doute en savoir davantage sur LIBREMENT ?

— Ce produit miracle dont parle leur communiqué, tu le connais ?

— C'est fulgurant : aucune forme de croyance irrationnelle ou d'aliénation religieuse ne peut y résister. Ce que je crains toujours, ce sont les vieux madrés qui ne croient à rien et sur lesquels il sera sans effet. Il n'agit que sur les mécanismes de la croyance, justement. Pour nous, il ne serait rien d'autre qu'une limonade inoffensive. Mais pour tous les tartufes aussi : c'est un détecteur de pureté, en quelque sorte.

— Ce sont les purs les plus dangereux, remarque. Avec un tartufe on peut toujours négocier… »

Théo semblait penser à autre chose ; il m'approuva distraitement d'un signe de tête, se tut quelques secondes, puis, tournant soudain vers moi un visage où venait de s'afficher un sourire radieux, s'exclama :

« En fait, nos recherches techniques sont encore plus avancées que je ne te l'avais suggéré. »

Il baissa la voix, comme si quelqu'un pouvait nous entendre :

« Nos chimistes ont non seulement calculé le taux efficace de dilution du produit dans l'eau, mais mis au point la formule qui permet son absorption complète par l'organisme à partir d'un contact réduit. Autrement dit, il suffit d'exposer un centimètre de peau au contact du produit pour qu'il agisse efficacement dans un délai très court. Son efficacité est comparable à celle de la toxine botulique, dont cinq cents grammes suffiraient à éliminer l'humanité de la surface de la Terre. Notre produit, lui, éliminera, une fois pour toutes, l'irrationalité humaine de la surface de la Terre.

— Une véritable eau bénite !

— *Amen* ! Seul restait le problème de la logistique.

— Vous n'allez quand même pas arroser sept milliards d'êtres humains avec votre mixture ?

— Si… Enfin, autant de milliards qu'il sera nécessaire. »

Je restai sans voix. Mon cher Théo ne perdait-il pas les pédales ? Ne succombait-il pas aux délires qu'il prétendait combattre ? Ne devrait-il pas, comme le pape, prendre un peu de repos ?

Il se mit à rire :

« Tu me crois dingue ? J'étais tenu à la discrétion et je ne t'ai pas tout raconté. En fait, LIBREMENT n'est que la pointe émergée de l'iceberg. Une collaboration internationale s'est mise en place dans le plus grand secret, un gigantesque projet scientifique et politique qui a nécessité autant d'investissements financiers que d'innovations technologiques. Son nom de code est Panoramix, à cause de son côté potion magique, tu vois ? Mais c'est du très sérieux.

— Tu m'impressionnes, grommelai-je, mi-figue, mi-raisin.

— Je ne pouvais pas te cracher le morceau plus tôt. D'ailleurs, si notre communiqué était nécessaire pour prendre date historiquement, il ne pouvait pas révéler trop tôt l'intégralité du pot aux roses. Le communiqué ne dit que la vérité, mais, ce faisant, il aide à brouiller les pistes de ce qu'il faut bien appeler un complot politique à l'échelle planétaire. Tu le comprendras mieux d'ici moins de quarante-huit heures quand nous aurons mené à terme la première révolution mondiale et pacifique de l'histoire humaine. »

Il se mit à parler un peu vite, comme pour rattraper le temps perdu :

« Ce qui a déclenché ce mouvement, tu t'en doutes, c'est le 11 Septembre. L'attentat contre *Charlie Hebdo* l'a accéléré. Le massacre du vendredi 13 novembre à Paris, quant à lui, traduisait une volonté délibérée d'exporter en Europe les aspects les plus totalitaires et les plus intolérants du Moyen-Orient. Nous étions à la veille de voir les guerres de religion et de nouvelles croisades embraser la Terre entière à l'heure même où la science faisait des progrès fondamentaux et ouvrait à l'humanité des perspectives vertigineuses. La cote d'alerte était dépassée depuis des mois. Il y en avait assez des sempiternelles dissertations sur la vraie religion opposée aux extrémismes. Assez de recevoir simultanément les condoléances affligées de l'Arabie Saoudite et de l'Iran. Il était temps de passer à l'acte. Les solutions politiques ou militaires se révélaient insuffisantes ou même contre-productives. LIBREMENT, un collectif de chercheurs internationaux et libres d'esprit, a résolu de prendre le taureau par les cornes. Nous sommes entrés en contact avec quelques gouvernements pour leur faire part de l'avancement des travaux en neurosciences et en chimie organique. Nous avons obtenu l'écoute de certains politiques et même un peu plus que ça après les élections américaines. Les élections américaines, ça a été notre chef-d'œuvre…

— Raconte-moi ça…

— Eh bien, voilà. Tu te rappelles peut-être qu'au début 2015 Michelle Obama avait surpris ou choqué son monde en se présentant tête nue aux funérailles du roi Abdallah…

— Je m'en souviens très bien ; ça tranchait avec toutes celles qui gardent un morceau de tissu à portée de la main au cas où, comme la ministre des Affaires étrangères australienne ou encore cette ancienne représentante anglaise de l'Europe… Comment s'appelait-elle déjà ? son nom m'échappe…

— Catherine Ashton…

— Oui, c'est ça… Elles se croyaient obligées de s'abriter sous un foulard bien épais dès qu'elles rencontraient un dignitaire iranien.

— Michelle Obama n'était pas la première, remarque. Angela Merkel, par exemple, ne s'est jamais couvert les cheveux ; elle a toujours su garder la tête froide… Mais, dans le cas de Michelle Obama, ça nous était avant tout apparu comme un signe d'indépendance vis-à-vis de son mari. Car lui avait toujours Dieu à la bouche ; l'histoire du monde, à ses yeux, c'était celle des trois religions monothéistes. Et, à l'entendre, l'avenir du monde ne dépendait que de leur bonne entente. Dans son discours du Caire, il avait cité à tout bout de champ le "Saint Coran" et rappelé que le gouvernement des États-Unis avait recours aux tribunaux "pour protéger le droit des femmes et des filles à porter le hijab et pour punir ceux qui leur contesteraient ce droit".

— Magnifique régression ! Des droits des femmes, celui-là, c'était tout ce qu'il avait retenu : le droit de porter le hijab... Un véritable acte d'allégeance aux Frères musulmans et aux islamistes de tout poil !

— N'est-ce pas ? En outre, tout le monde savait que sa femme l'avait poussé dès le début à se lancer dans la course à la Maison Blanche et lui avait mis le pied à l'étrier. Un peu par boutade, au début, un chimiste français qui est des nôtres avait plaisanté : "C'est elle qu'il nous faudrait comme agent d'influence aux États-Unis !" Il a travaillé de nombreuses années à l'Université de Chicago ; il était voisin des Obama à Hyde Park et très proche d'eux. Quand nous avons été certains de l'efficacité du produit, au début de 2016, il est parti pour Washington, avec dans son sac un milliardième de gramme de notre élixir dilué dans un flacon d'eau – quantité suffisante pour à peu près cinquante personnes...

— C'est du concentré, votre truc.

— Plutôt ! Il a contacté Michelle, et il est parvenu, je ne sais comment, à la convaincre de le tester. Elle ne savait pas vraiment ce qu'elle buvait, en tout cas elle ne devait pas croire à la radicalité de l'effet. Fraîchement convertie, elle a donc accepté d'en verser une goutte dans le potage de son époux, qui n'y a vu que du feu. Ainsi, Michelle et Barack, à leur corps défendant, sont devenus des nôtres. On n'a généralement pas assez prêté attention au changement de ton de Barack dans les derniers temps de son mandat. Il a cessé d'invoquer Dieu à tout bout de champ… »

Pendant que Théo parlait, une image vue sur Fox News, ou peut-être CNN, me revint en mémoire. En 2016, lors des adieux d'Obama à la presse politique – une de ces cérémonies en apparence libres et décontractées qui font le charme de la vie politique américaine –, le président des États-Unis, au terme de son speech, avait pris la voix grave qui convenait à sa péroraison pour conclure sur la formule consacrée : « *God bless America.* » Mais, ce jour-là, il avait semblé s'être pris la langue dans ces trois mots comme on se prend les pieds dans le tapis et avait trébuché sur le mot Dieu : saisi d'un fou rire et incapable de refréner cet accès d'hilarité qui avait contaminé tous les journalistes, il avait, avant de s'éclipser, les larmes aux yeux, salué son auditoire d'un geste du bras. On a appris par la suite que son entourage avait craint un moment qu'il s'étouffe, tant son rire était convulsif. Ce bafouillage inhabituel fut attribué au trop-plein d'émotion des adieux. En fait, Obama devait avoir pris conscience du non-sens des trois mots « *God bless America* ».

« … Barack Obama a aidé Michelle, qui a utilisé avec beaucoup de doigté et d'intelligence le reste du flacon. L'aide logistique et technologique de l'Amérique était indispensable à la réussite de notre projet, et pour cela il fallait que le prochain Président, démocrate ou républicain, fût un rationaliste convaincu. D'après ce que Michelle a raconté à notre collègue chimiste, avec Barack ils avaient, selon ses propres termes, « empoisonné » les deux candidats officiels, ainsi que leurs plus proches collaborateurs. Elle ne leur a révélé la nature exacte de l'arme secrète qu'après les avoir convertis. Une fois assurée la rationalité des deux candidats à la présidence, l'affaire était dans le sac, quel que fût l'heureux élu. En novembre 2016, les Américains ont choisi leur Président sans se douter qu'ils étaient en train de jeter l'enfant Jésus avec l'eau du bain anti-islamiste.

— En somme, vous avez mené les Américains en bateau…

— Si tu veux, mais le jeu en valait la chandelle… Dans quelques heures, d'ailleurs, comme tu verras, ni les catholiques intégristes, ni les protestants de choc, ni les juifs orthodoxes, ni les islamistes de diverses tendances, à supposer que certains d'entre eux soient encore en mesure d'essayer de vendre leur salade, n'auront plus d'auditoire. Pas plus, d'ailleurs, que les prêcheurs “modérés”, de quelque obédience qu'ils se réclament. Personne ne les entendra plus. C'est ça, le côté génial de notre opération : nous coupons le récepteur. Nous ne nous occupons pas du message, mais nous libérons l'esprit de tous les auditeurs possibles. »

Si Théo avait voulu m'impressionner, il avait réussi son coup. Sans me donner les détails de l'opération qui se préparait, il m'en révéla l'ampleur et l'imminence. La décision avait été prise entre les chefs d'État concernés, qu'ils aient eu besoin ou non de boire un verre d'eau améliorée pour conforter leur conviction, d'agir par surprise et simultanément aussi bien à l'extérieur que sur le plan intérieur. Le raisonnement était simple : « S'il est difficile de supprimer l'offre religieuse, puisqu'elle dépend de stratégies de pouvoir qui n'ont le plus souvent rien à voir avec la foi, supprimons la demande. » Le pape, en somme, ce n'était qu'une mise en bouche, de la roupie de sansonnet, avant l'offensive générale du samedi 7 avril 2018.

*7 avril 2018*

Le 7, je me suis réveillé tôt. J'ai allumé la radio. À ma grande surprise, les nouvelles étaient d'une banalité affligeante. Théo ne m'avait pas donné de détails, mais m'avait laissé entendre que la coalition internationale réunissait, outre l'Europe, des pays aussi différents que les États-Unis, la Russie ou la Chine. Et puis il y avait la scène intérieure française : j'imaginais que ça ferait du bruit quand les pompiers inonderaient les banlieues avec leurs lances à incendie. Mais apparemment rien de tel ne se produisait. On n'utilisait pas le Kärcher pour répandre la bonne parole et le produit miracle. Je me suis un instant demandé si Théo n'avait pas, tout scientifique qu'il fût, pris ses rêves pour la réalité, et si son engagement contre l'obscurantisme ne lui avait pas trop échauffé le cerveau.

À 11 heures, quelques nouvelles filtrèrent : le *Charles de Gaulle* aurait ouvert le feu sur des objectifs inconnus au large de la Libye. On signalait aussi une activité intense de l'aviation russe en Tchétchénie et de l'aviation chinoise dans la région ouïghoure du Xinjiang ainsi qu'au Tibet. De grands incendies auraient éclaté dans la banlieue de Hô-Chi-Minh-Ville, au Vietnam, et à Séoul, en Corée. Incidents dispersés que rien ne permettait de rapprocher à première vue.

Je suis sorti faire un tour. J'ai comme d'habitude échangé quelques mots avec le vendeur de journaux qui, profitant du beau temps, mettait un peu d'ordre dans la devanture de son kiosque.

« Comment ça va, ce matin ?, me demanda-t-il d'une voix inhabituellement alerte (il est plutôt du genre mélancolique taciturne).

— Pas mal. Quelles sont les nouvelles ?

— Rien... Enfin, on va encore changer de pape... Comme si ça pouvait intéresser qui que ce soit...

— Il y a pas mal de catholiques dans ce pays...

— Eh bien, grand bien leur fasse, me coupa-t-il, vous ne vous en fichez pas du pape, vous ?

— Oh si !

— Vous voyez ; on est bien d'accord. »

Nous avons ri. Nous nous contentions d'habitude d'un échange de quatre mots sur l'état de nos santés respectives : Ça va ? Ça va.

« Vous m'avez l'air bien en forme, ce matin, ne pus-je m'empêcher de remarquer.

— Plutôt oui ; c'est le printemps… Vous ne savez pas ce que j'ai vu tout à l'heure ?

— Non ?

— Entendu plutôt. Il y avait ici même un mec qui passait ; mains dans les poches, il sifflait ! Depuis combien de temps avez-vous entendu un passant siffler dans les rues de Paris, vous ?

— Ça fait une éternité !

— Tenez ! Encore un ! Regardez, à gauche, le gars qui traverse en dehors des clous : il siffle ! »

Nous avons tous les deux suivi du regard un homme entre deux âges, mais alerte, qui s'élançait en sifflant de l'autre côté du boulevard. Nous nous sommes regardés, et, tout d'un coup, il m'a tendu la main en me faisant un clin d'œil :

« *E Dio ?*

— *Non esiste !* »

Notre pacte était scellé.

Une idée m'est venue, une hypothèse… que j'ai entrepris de tester avant de rappeler Théo pour en avoir le cœur net. Je me promenais au Jardin des Plantes. Je remontai jusqu'à la place Jussieu et marchai en flânant jusqu'à la mosquée. J'eus très vite l'impression d'un changement d'atmosphère : trois brunettes, tête nue, discutaient sur le trottoir à l'entrée du salon de thé de la mosquée avec deux jeunes gens de leur âge qui tiraient sur leur barbe comme s'ils voulaient l'arracher, sous le regard amusé des serveurs venus sur le pas de la porte discuter avec eux. Je saisis au passage les propos de la plus jeune, qui semblait aussi la plus décidée : « Allez, venez, je vous offre un verre où vous voulez ! » Ils partirent tous, bras dessus, bras dessous, en riant aux éclats. Ce n'était qu'un petit rien, mais d'une tonalité inhabituelle en cet endroit, et qui me réchauffa le cœur.

Je repris ma promenade et descendis la rue Monge avant de m'arrêter devant Saint-Nicolas-du-Chardonnet, l'église occupée de longue date par les intégristes catholiques. Un jeune curé en robe noire traditionnelle et aux cheveux coupés court faisait les cent pas devant l'entrée principale ; je m'avançai vers lui et lui demandai à brûle-pourpoint : « Et Dieu ? » Il me regarda dans les yeux et me sourit : « Il n'existe pas », mais ajouta aussitôt : « Est-ce si important ? » Je rétorquai : « Tu parles, Charles ! Il vaut toujours mieux dire les choses ! » D'une main hésitante, il essaya de desserrer son col blanc amidonné et me confia, comme si nous nous connaissions depuis longtemps :

« J'ai envie de reprendre mes études.

— Vos études de quoi ?

— De philosophie !

— Faites donc, mon ami, et bonne chance ! »

Je m'éloignai lentement, puis revins sur mes pas :

« Vous n'auriez pas un bout de papier et un crayon ?

— Si, bien sûr. »

Je griffonnai rapidement mon nom et mon téléphone : « J'ai encore quelques relations dans le milieu universitaire ; si vous avez besoin de quelques conseils... » Nous nous serrâmes la main.

J'appelai Théo pour avoir des nouvelles plus précises, et nous nous retrouvâmes chez moi un peu plus tard.

« Pourrais-tu me dire si ça a commencé, et, si oui, comment vous avez fait ?

— Tu t'en doutes, hein ? Nous sommes dans un pays technologiquement avancé, non ?

— Vous avez trafiqué l'eau de la ville ?

— "Trafiqué" ! Quel mot ! Le produit est parfaitement sain. Toutes les réserves d'eau ont été traitées. Et dans les prisons, en outre, l'accès aux douches a été facilité : plus besoin d'imams, de pasteurs ou de curés. Tout le commun des mortels a profité de la cure : il a suffi de boire un peu d'eau ou de se laver les mains pour se retrouver rationaliste. Ni vu ni connu. L'opération Panoramix bat son plein. Et tout le monde survivra au nouveau déluge ! Pas besoin non plus d'arche de Noé.

— Et ces histoires de bombardement dont on a parlé à la radio et à la télé ?

— Eh bien, tu comprends que, dans des pays comme la Syrie, l'Afghanistan, le Mali et quelques autres, les conditions ne sont pas les mêmes qu'ici. Dans certaines régions du monde on a fait pleuvoir : au Nigeria par exemple la saison des pluies approchait ; on a utilisé une technique connue de projection de sels d'iodure d'argent auxquels avaient été ajoutées des molécules de notre produit pour ensemencer les nuages par avion. Les gens de Boko Haram ont reçu une douche mémorable. Parfois, quand c'était techniquement nécessaire, on a bombardé, comme au Tibet. On a conçu depuis quelques mois des bombes à eau explosives ; elles ont une grande capacité de diffusion et peuvent être larguées par avion ou par drones. L'artillerie à longue distance a aussi été utilisée. Dans tous les pays où c'était possible, le service des eaux a été mis à contribution. Ou alors on a utilisé des lances à incendie, comme dans les banlieues de Hô-Chi-Minh-Ville, dont le gouvernement vietnamien redoute les populations catholiques, ou à Séoul, où les églises protestantes sont superactives. Les évangéliques sont très agressifs en Amérique latine, mais ils sont souvent au pouvoir ou proches du pouvoir. Les services secrets américains ont eu recours à la corruption pour pouvoir traiter l'eau quand les autorités locales se méfiaient et faisaient la sourde oreille. D'après nos renseignements, ils ont parfaitement réussi également au Moyen-Orient, même en Iran ou en Arabie Saoudite, et dans les pays du Maghreb, grâce à quelques complicités actives. À l'heure actuelle, nous sommes certains du résultat dans 99 % des cas. L'opération Panoramix est un succès.

— Ça ne pose pas un petit problème d'éthique ?

— Aux scientifiques, non. Ils sont pour la vérité, contre l'erreur et le mensonge. Mais aux esprits faibles, aux tartufes et à quelques politiques peut-être. On ne va rien révéler de ce qui s'est passé réellement. Les pompiers ont traité de vrais incendies, allumés un peu plus tôt par ceux qui les avaient appelés à l'aide ; les artilleurs ont cru tirer de vrais obus, et les aviateurs, larguer de vraies bombes, et non de simples poches d'eau un peu sophistiquées. »

Tout cela aura passé comme une lettre à la poste. L'humanité est devenue rationaliste en un clin d'œil. Sans commentaires.

« Que va devenir LIBREMENT ?

— LIBREMENT va s'autodissoudre. Sa mission a été accomplie ; il n'est pas nécessaire de donner plus de détails sur la manière dont elle l'a été. »

## Hic et nunc, *ici et maintenant*

Les historiens du futur pourront s'interroger sur le rôle des initiatives individuelles dans le déroulement de l'histoire des peuples ou sur les rapports entre infra- et superstructure. Toujours est-il que, à dater du 8 avril 2018, à l'issue de la sacrée semaine qui avait suivi la semaine sainte, un changement fut très vite sensible sur la planète.

Les églises, les temples, les mosquées et autres lieux de culte se vidèrent. Les anciens fidèles saluaient amicalement leurs anciens prêtres ou imams quand ils les croisaient. Ils échangeaient parfois un sourire amusé, comme de vieux amis se remémorent leurs frasques passées.

Le dalaï-lama renonça à se réincarner. Les tensions entre certains peuples ne disparurent pas complètement du jour au lendemain, mais elles s'apaisèrent à partir du moment où elles furent débarrassées du manteau religieux dans lequel elles s'enveloppaient frileusement jusqu'alors. Ainsi, Israéliens et Palestiniens discutèrent, et le statut de Jérusalem prit insensiblement des allures de vieille lune. Le Mur des lamentations et la mosquée al-Aqsa furent désertés. Les pulsions agressives ne s'évanouirent pas instantanément, mais il devint impossible de recruter des djihadistes ; le martyre ne faisait plus recette, et le nombre des attentats chuta vertigineusement. Déboussolés, sans emploi et sans cause, quelques ex-terroristes se suicidèrent, mais seuls.

Les dictatures bâties sur un fondement religieux s'effritèrent inexorablement jusqu'à l'éclatement total. Quand les dignitaires religieux se retrouvèrent entre eux, à la fois conscients de mentir et de ne plus être crus, ils se surent condamnés. En Iran, une grève générale de la population eut raison du régime en moins de trois jours. Et les monarchies du Golfe, à leur tour, tombèrent comme des fruits blets. Les femmes cheveux au vent s'égaillèrent dans les rues de Kaboul, de Riyad et de Téhéran.

Le monde fut débarrassé des menaces d'attentats ou de prises d'otages. Les fous d'Allah avaient perdu Allah et retrouvé la raison.

En Europe, on cessa de s'interroger nerveusement sur les pratiques religieuses de ses voisins, les crispations identitaires et religieuses s'effacèrent, et la chasse au faciès fut définitivement fermée. L'antisémitisme fit rougir de honte les anciens antisémites. La question de l'« intégration des musulmans », de la « compatibilité de l'islam avec la démocratie » ou de l'« islamophobie » n'avait tout bonnement plus la moindre actualité, non plus que celle des signes religieux visibles ou ostentatoires et des aliments halal ou casher. La construction des mosquées cessa d'empoisonner les politiques locales. Ceux qui, hier encore, se définissaient d'abord comme juifs, catholiques, protestants, orthodoxes, musulmans ou bouddhistes... se découvrirent frères en humanité.

Un vaste programme culturel mondial fut esquissé par l'Unesco. Il permettrait de recycler ceux des professionnels de la religion qui étaient trop âgés pour se reconvertir et assez qualifiés pour mettre en valeur l'histoire et l'esthétique des institutions dans lesquelles ils avaient jadis œuvré. Bientôt on assisterait à des grand-messes portées à la scène comme l'avaient été un peu plus tôt les danses sacrées d'Afrique ou d'Océanie. La reconstitution des cérémonies de l'Aïd el-Kébir à La Mecque deviendrait une des attractions touristiques les plus courues. Et la vague nostalgie qu'éveilleraient ces spectacles chez certains au souvenir du passé disparu scellerait à jamais leur changement de nature.

Les flux migratoires vers l'Europe diminuèrent avec la fin des régimes ou des groupes islamiques/islamistes et des guerres interconfessionnelles. Les migrants redécouvrirent qu'il était bon de vivre en paix chez soi, sur sa terre natale.

Les politiques du monde entier furent renvoyés à leur vraie responsabilité : améliorer concrètement la vie des gens. Les sommes astronomiques dépensées dans chaque pays pour lutter contre le terrorisme et assurer la surveillance des lieux publics, des aéroports, des gares… seraient dorénavant consacrées à la lutte contre le chômage et à la promotion de l'éducation.

L'endoctrinement religieux allait céder la place aux études éclairées de l'histoire des religions et des questions qu'elles posaient, non des réponses dogmatiques qu'elles y apportaient. Bientôt l'homme musulman, chrétien, juif ou bouddhiste paraîtrait aussi lointain que celui de Neandertal.

De nombreuses ONG et associations militaient pour la mondialisation du droit à une alimentation saine, du droit à la santé et à l'éducation.

Bill Gates fut le premier milliardaire à consacrer 80 % de sa fortune au « bien public » ; il investit des sommes colossales dans le projet de création d'une République fédérale mondiale dont la mission serait d'éradiquer la pauvreté et de promouvoir une démocratie planétaire. Il assignait à l'humanité la tâche de se consacrer à la quête du savoir, de la connaissance, d'accepter le doute, le mystère de l'univers, de cultiver la foi dans les découvertes de la science, de respecter notre Terre, de chérir la poésie de la nature. C'était à chaque individu humain de jouer son rôle de « passeur » et de donner un sens à sa vie, si éphémère qu'elle fût, par le dépassement de soi.

Phobe, Théo Phobe, avait raison d'être satisfait. Tombée en désuétude depuis longtemps sur une grande partie de la planète, l'idée de bonheur était en train de renaître. Rationnels, les hommes seraient plus enclins à réfléchir par eux-mêmes et à essayer d'améliorer leurs conditions de vie ici-bas. *Hic et nunc* : ici et maintenant.

« Tu vois, les gens ont compris que derrière le mot "Dieu" se cachait ce qu'il y avait de meilleur chez les humains : leur pleine conscience de la vie. C'est elle qui les rend semblables, malgré leur infinie diversité. C'est elle qu'ils partagent. C'est elle qui les pousse à se rassembler et à serrer les rangs quand un ami meurt. C'est elle qui les rapproche des autres vivants, des autres animaux. La vie après la mort, c'est la vie des vivants, non celle des morts, qui n'existe pas plus que Dieu. Que les choses aient une fin, voilà ce qui donne leur prix aux commencements. »

Sans vouloir me gargariser de grands mots, je dois avouer que je ressens une certaine fierté à l'idée que ce jeune homme a pu contribuer au progrès de l'humanité. Et je me surprends parfois à penser que, s'il n'y a pas de bons parents, les moins mauvais sont sans doute les moins autoritaires.

« Tu as raison, mon Théo », ai-je conclu.

Car, vous l'aurez deviné, Théo n'est pas mon ami ni mon camarade. C'est mon fils.

Cet ouvrage a été transcodé et mis en pages
chez NORD COMPO (Villeneuve-d'Ascq)

Achevé d'imprimer en février 2016 sur rotative numérique Prosper
par Soregraph à Nanterre (Hauts-de-Seine).

Dépôt légal : mars 2016
N° d'édition : 7381-3389-X
N° d'impression : 15013

*Imprimé en France*

L'imprimerie Soregraph est titulaire de la marque Imprim'vert® depuis 2004.
Ce livre est imprimé sur papiers issus de forêts gérées durablement.